SOMMAIRE

ISBN-10   N° 1533547939
ISBN-13   N° 978- 1533547934
imprimé par CreateSpace by Amazon
4900 LaCross Road North Charleston, SC 29406 USA

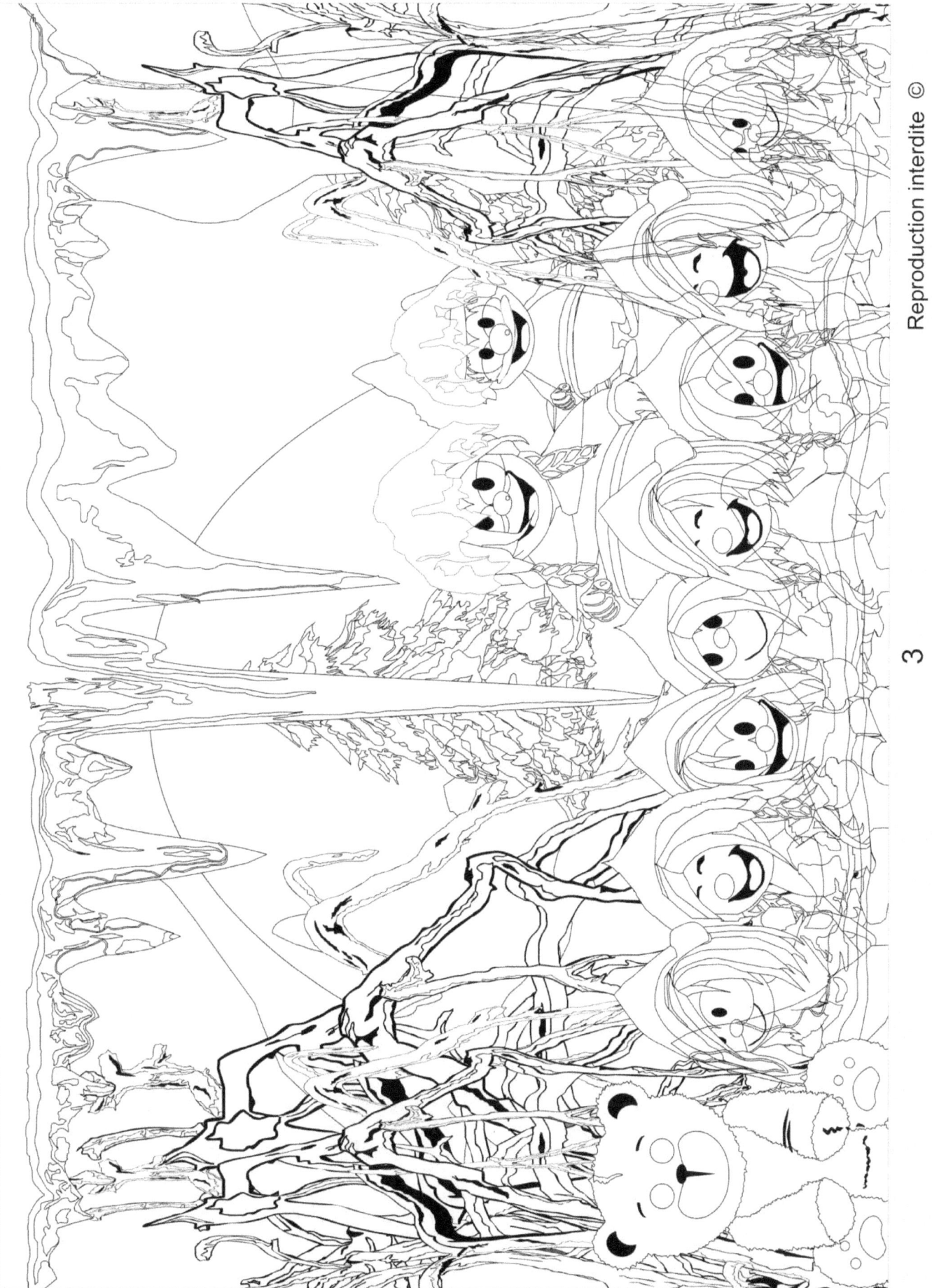

3

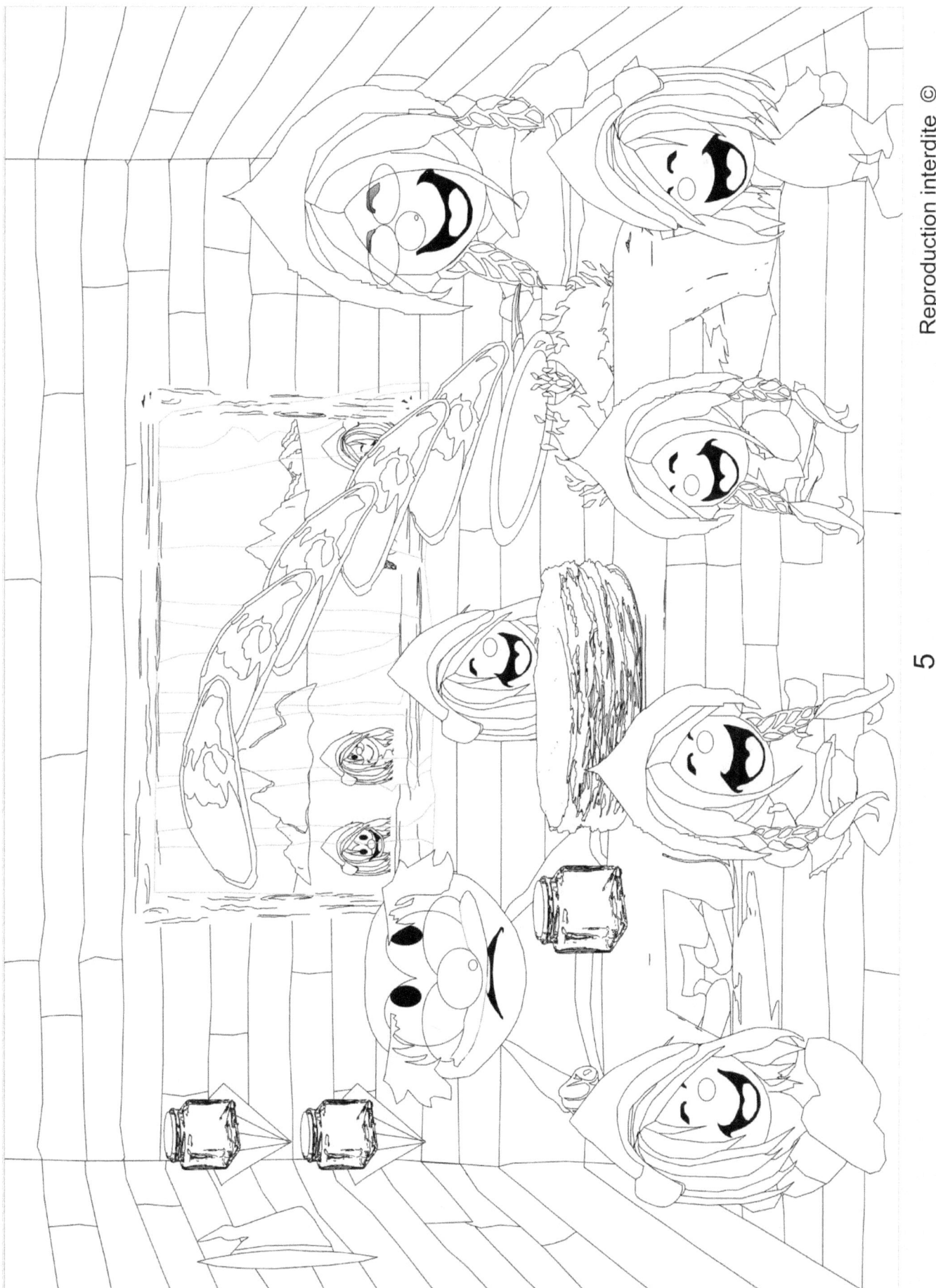

7

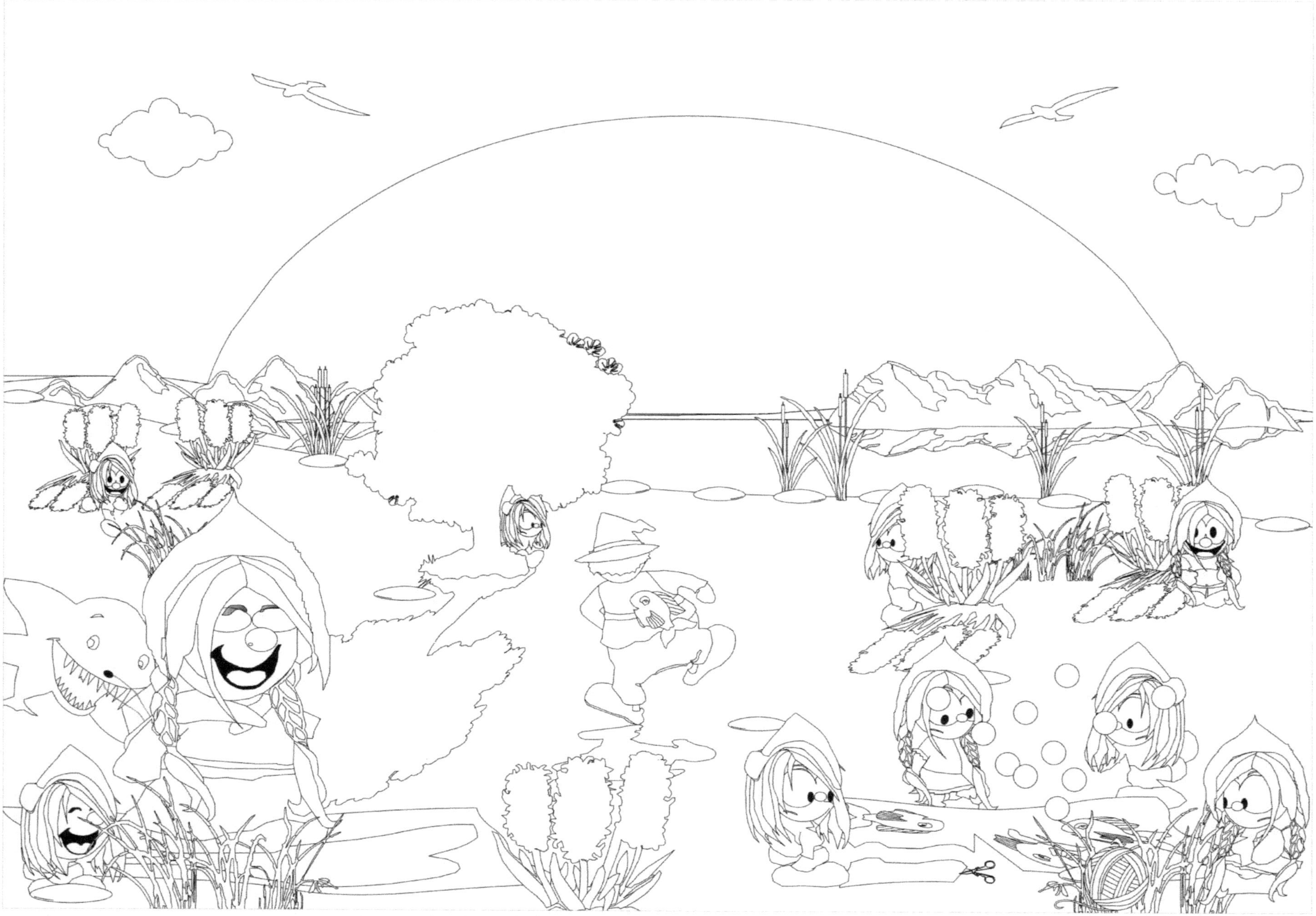

On veut des bisous, des bonbons et des doudous

11

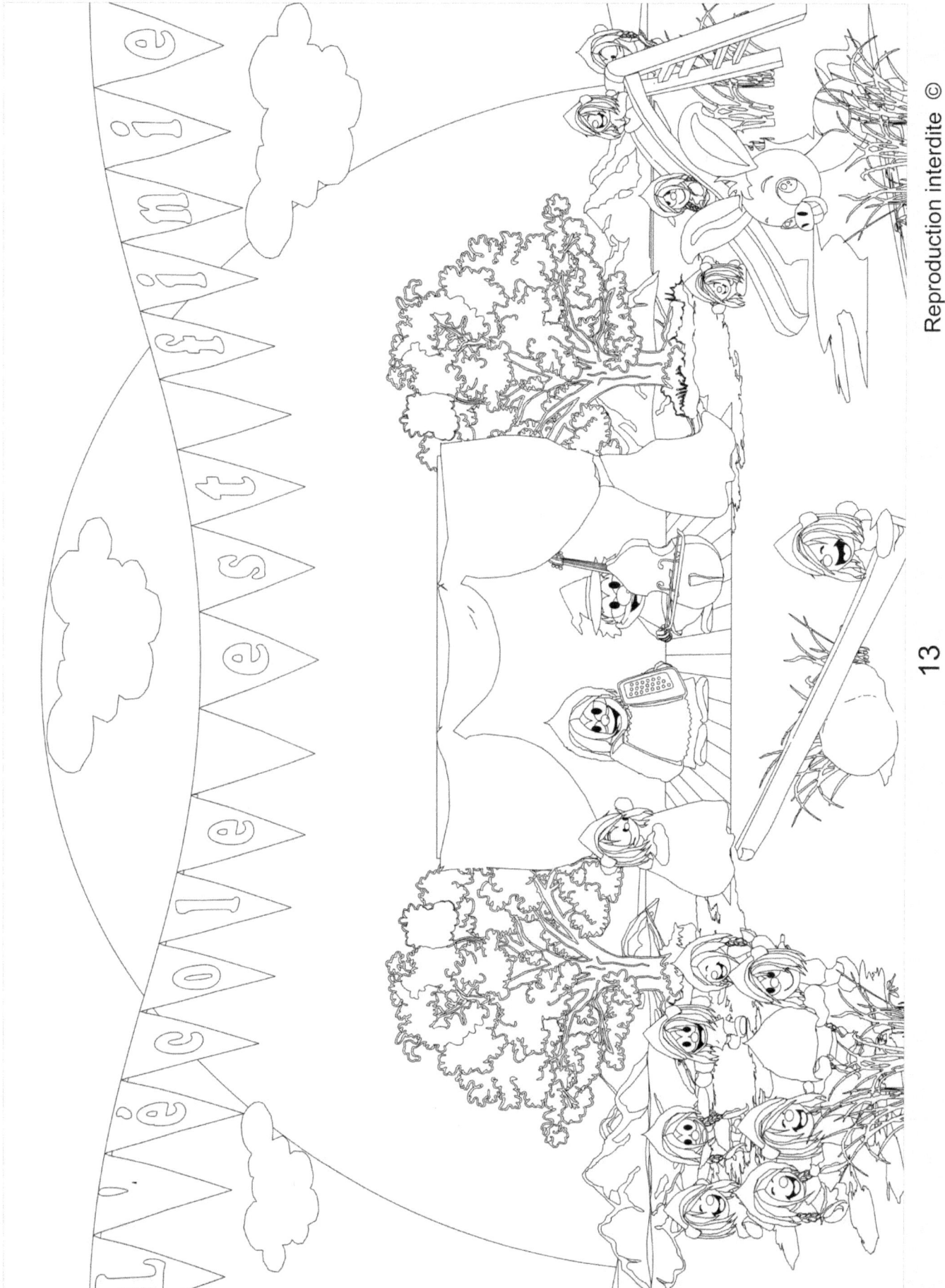

L'école est finie

13

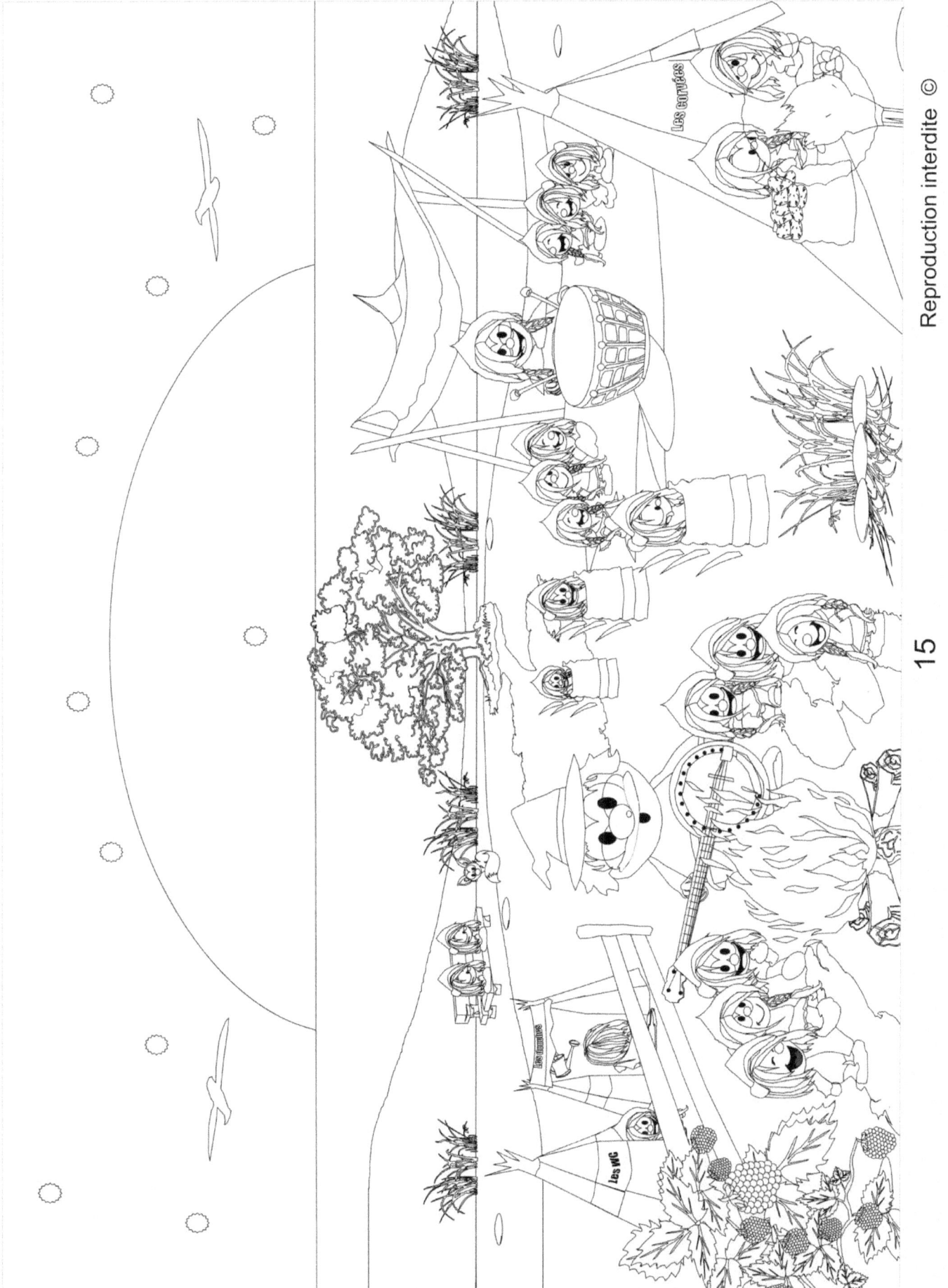

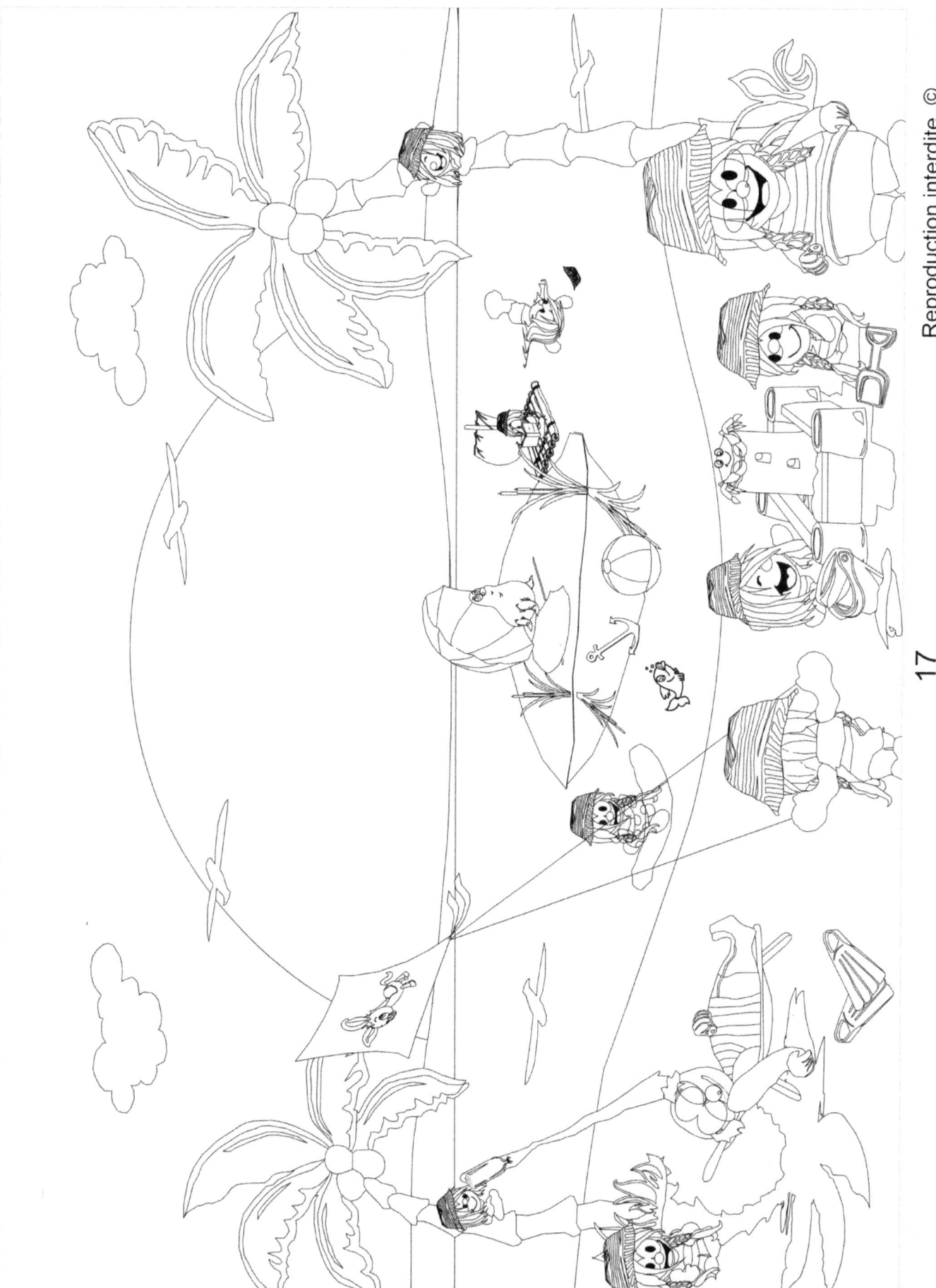

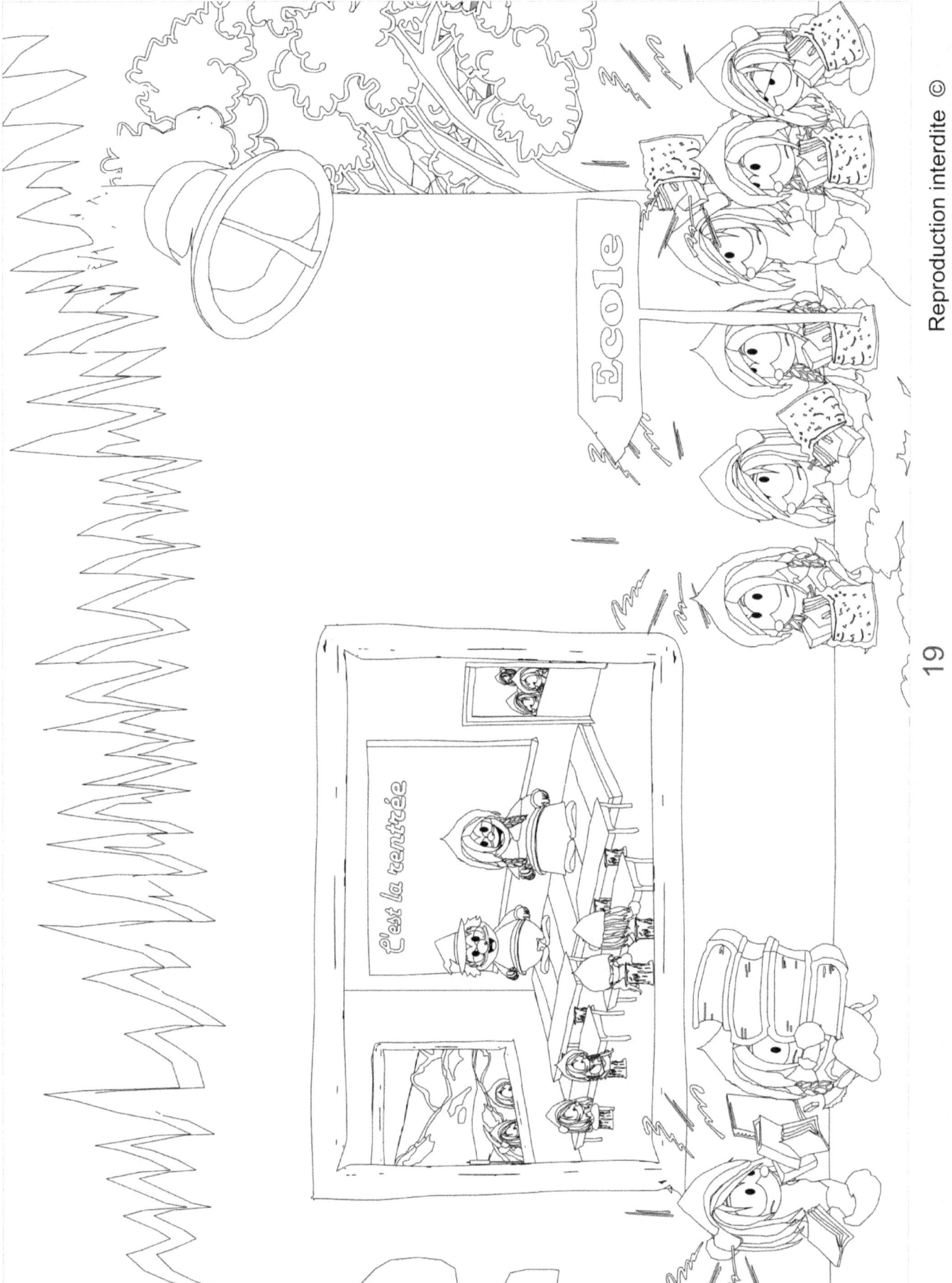

19

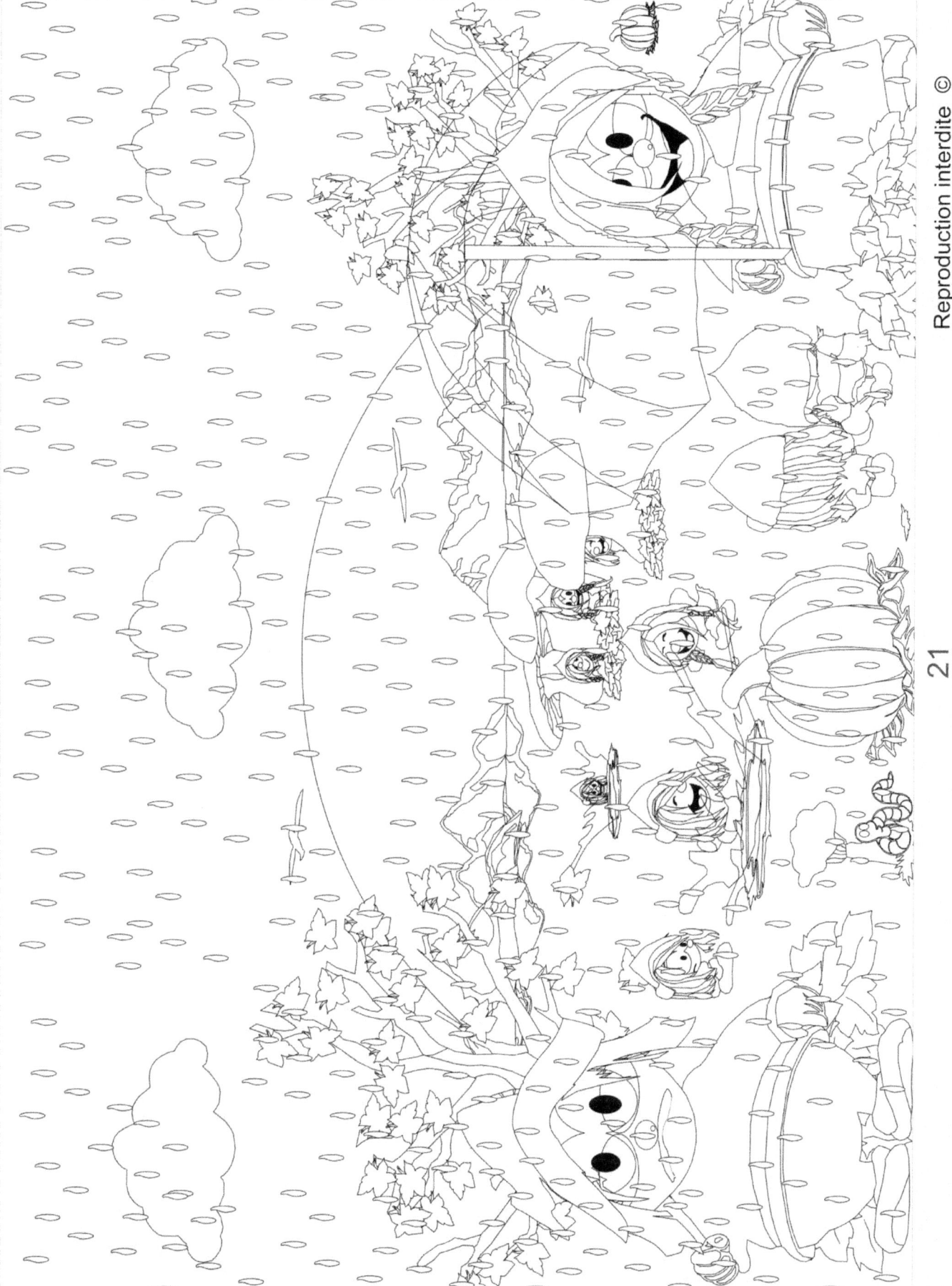

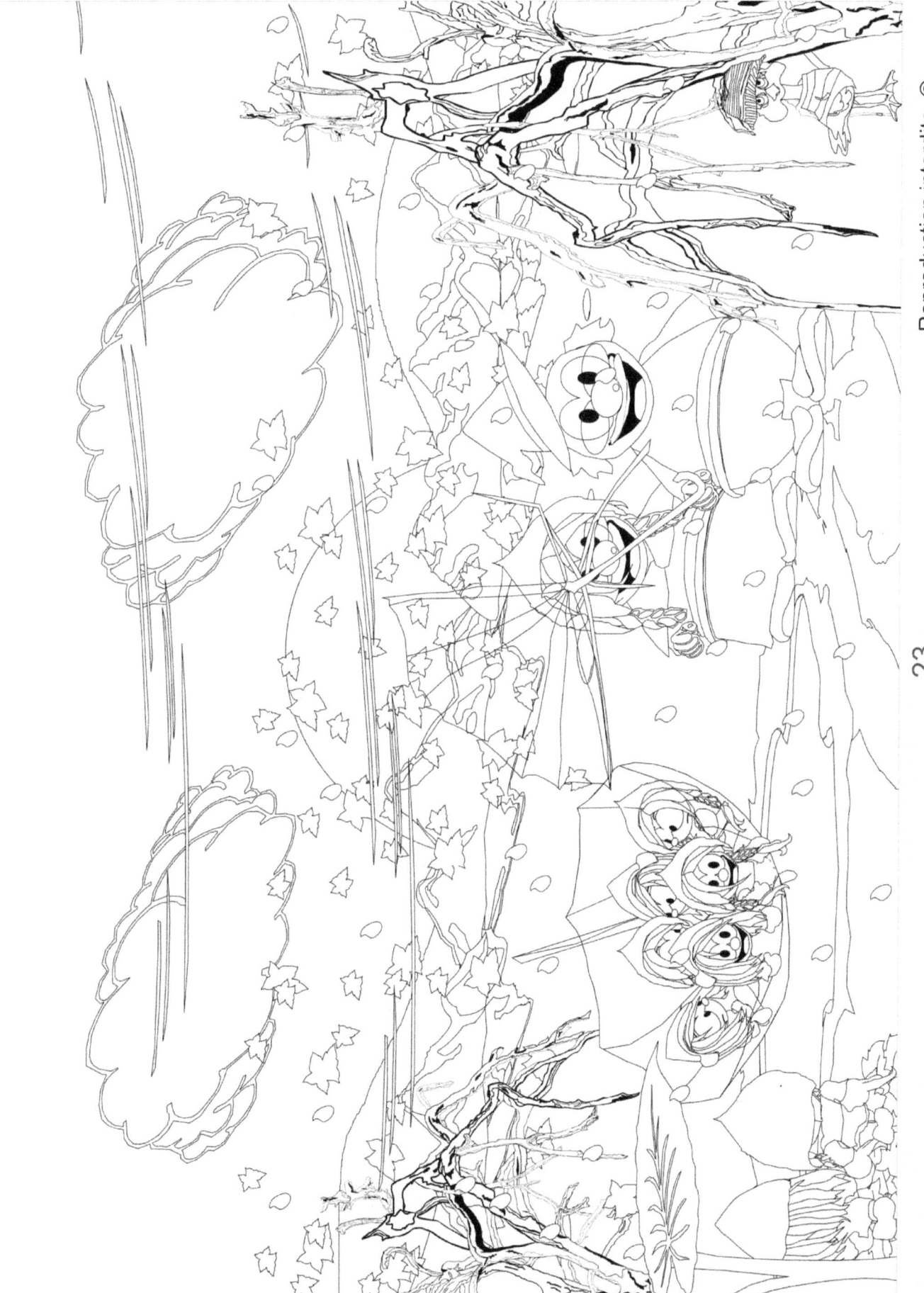

23

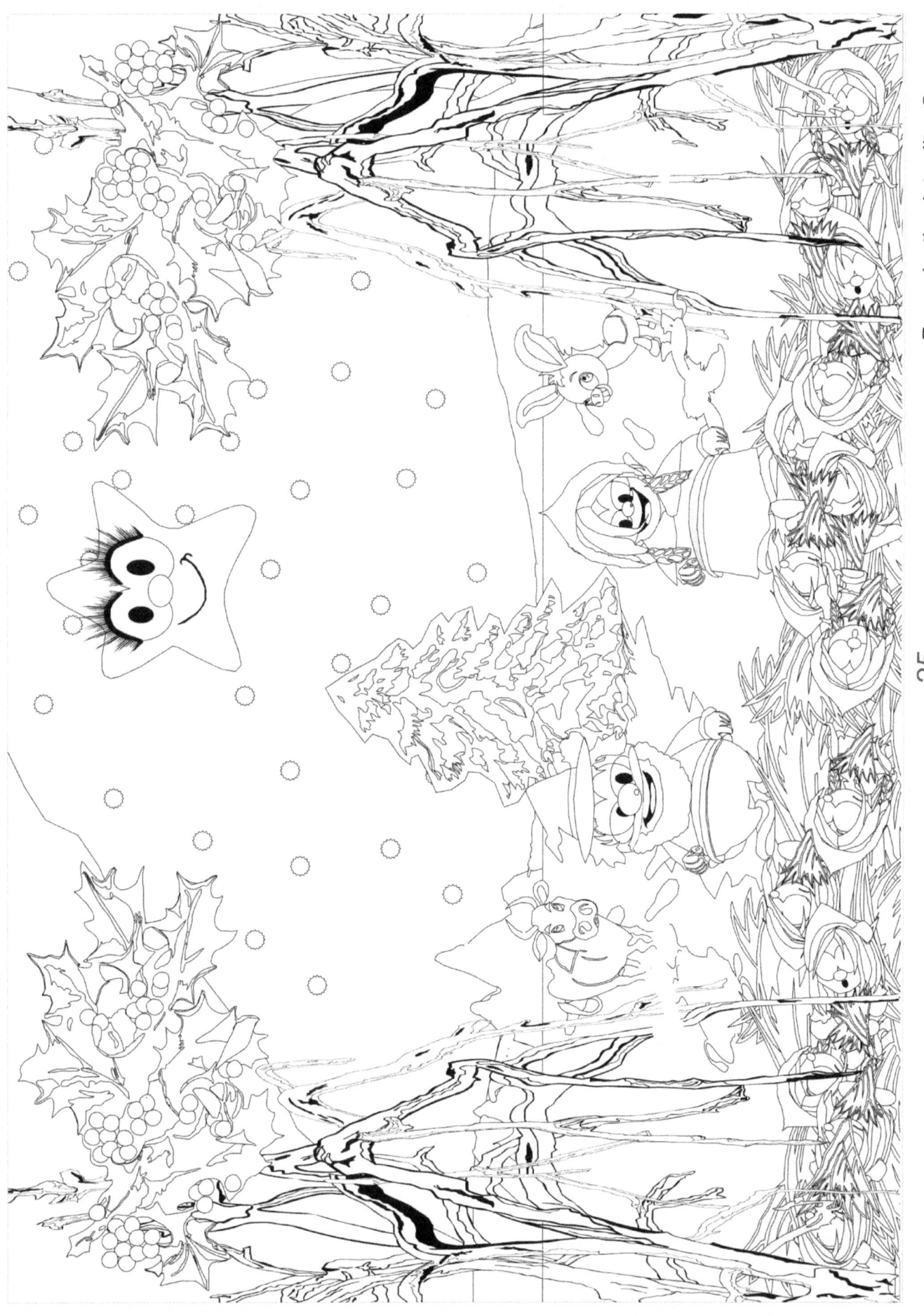

**Loi n° 49-956 du 16 juillet 1949
sur les publications destinées à la jeunesse.
BISAC N° ART048000**

Editions

Tante Luce

73, avenue François Mitterrand 31800 SAINT-GAUDENS FRANCE
SIRET 819788209